AF365315

Mots de Lumière & de Guérison

TOME 2

Du même auteur,
« aux éditions Exergue »

COMMENT RECONNAÎTRE
LES SIGNES DE L'AU-DELÀ

MOTS DE LUMIÈRE
ET DE GUÉRISON
(tome 1)

L'ORACLE DES ARCHANGES

AMPLIFIER LES BIENFAITS
DES HUILES ESSENTIELLES
ET DES PLANTES

© *Mots de lumière et de guérison Tome 2*
Editions Chris Verbeke 2020

Tous droits de reproduction, traduction et adaptation,
réservés pour tous pays ISBN 978-2-9539254-2-5
ISBN numérique 978-2-9539254-3-2

www.chrisverbeke.com
Chris Verbeke Auteure - Formations - Soins énergetiques

J'ai eu le bonheur d'écrire le premier livre - **MOTS DE LUMIÈRE & DE GUÉRISON -** avec ma grand-mère Denise, transmis depuis l'au-delà en écriture automatique, et aujourd'hui j'ai l'immense joie de vous présenter le **tome 2** des **MOTS DE LUMIÈRE & DE GUÉRISON.**

Denise est repartie travailler à la fin du premier livre. J'avais des nouvelles d'elle par l'intermédiaire de mon autre grand-mère, Georgette, car je n'ai plus eu de contact écrit jusqu'à ce jour ! La fête ! Cela fait vraiment chaud au cœur d'écrire de nouveau avec ma petite mamie Denise. Elle a étudié très durement pour nous offrir ce magnifique cadeau du ciel.

Je savais qu'elle allait faire du beau travail, car le premier livre a donné de très bons résultats. Nous avons le bonheur, aujourd'hui, de vous offrir ces nouveaux mots.

Je lui ai demandé de vous transmettre un message.

Elle a gardé, malgré tout, son tempérament timide et réservé.

« Chers lecteurs, me revoici pour partager avec vous un nouveau livre afin de vous aider et d'aider l'humanité à se guérir corps et âme. Je suis heureuse d'avoir fait ce travail, car aujourd'hui je peux le partager avec ma petite fille. Que ces mots puissent vous apporter bien-être et guérison au plus profond de votre âme.

Chers lecteurs, je vous encourage à croire en ces mots de lumière qui activent l'Amour, la sérénité et la guérison. C'est une technique différente, mais ô combien efficace. Croyez en vous, croyez en nous, chers amis. Je vous couvre de lumière de guérison et vous envoie tout mon amour céleste.

Bien à vous »

DENISE

Comme je l'ai signalé dans mon premier livre, les mots de lumière et de guérison portent en eux une énergie, une force, une puissance, et le fait de les prononcer à voix haute libère cette puissance. L'énergie et la vibration de ces mots nettoient, purifient. Chacun d'entre eux véhicule aux organes malades la lumière, la pureté. Ils extirpent l'énergie viciée et éloignent le mal. Ces mots agissent par vibration, c'est pourquoi il est préférable de les prononcer à haute voix.

Cependant, si vous êtes dans une situation d'urgence, et dans l'impossibilité d'activer les mots de lumière à voix haute, activez-les en silence. De plus, l'activation se fera plus rapidement si vous visualisez les mots de lumière en lettres MAJUSCULES et de couleur OR.

Mise en garde

Il est important de signaler qu'aucun traitement médical ne devra être interrompu sans l'avis d'un médecin ; ainsi, nous déclinons toute responsabilité.

Laissons le temps aux mots de lumière et de guérison d'agir et de faire leurs preuves.

Cette méthode de guérison peut être critiquée ou bafouée, mais il est certain que ces mots de lumière et de guérison ne pourront jamais être salis par la noirceur d'êtres malveillants.

Si toutefois des personnes souhaitaient noircir de manière consciente les mots de lumière et de guérison, il est important pour elles de savoir qu'elles recevraient un retour de par leur malveillance, car on ne peut toucher à des mots transmis par le Royaume de la Lumière.

Pour les personnes qui découvrent les mots de lumière et de guérison et qui n'ont pas lu le tome 1, je leur conseille de se le procurer, car il est complémentaire au tome 2.

Dans le tome 1, vous trouverez un pendule –«Shiva lingam » – qui vous accompagnera pour activer les mots de lumière, ainsi qu'une méthodologie complète pour nettoyer, purifier votre pendule et apprendre à vous connecter avec celui-ci et codifier le « OUI » et le « NON », car vous en aurez besoin pour activer les mots de lumière.
Vous trouverez, à la fin de ce livre, un index des maux et maladies du tome 1 et du tome 2 afin de vous guider et de vous faciliter dans votre recherche.

Les mots de lumière et de guérison sont un cadeau et un don du ciel, car ils guérissent. L'énergie de tous ces mots de lumière est dotée d'une puissance extraordinaire. Toutefois, ils doivent être utilisés avec humilité. Il n'est pas question de se prendre pour des guérisseurs en herbe, de vouloir s'honorer d'un titre quelconque, car tout le monde peut utiliser les mots. Pas besoin de titre ni de diplôme pour utiliser les mots de lumière et de guérison.

Partagez les mots de lumière avec vos patients, votre famille, vos amis, vos enfants. Les enfants peuvent les activer très facilement en les prononçant. Leur innocence donne de très bons résultats. Partagez vos expériences, vous apprendrez toujours quelque chose de celles des autres.

J'ai un groupe d'amis qui se réunissent de temps en temps pour partager leurs expériences avec les mots. Ils s'entraident et travaillent ensemble sur des pathologies. C'est plutôt sympathique de partager.

Le Recueillement

Si la méthode de recueillement du tome 1 vous paraît compliquée, vous pouvez la simplifier.

Le but était de vous apprendre à vous recentrer, faire le vide, vous recueillir avant d'utiliser les mots de lumière.

Cependant, si vous vous recentrez et que vous activez directement les mots pour vous-même ou une autre personne, cela fonctionne très bien.

Il faut simplement se positionner dans une énergie d'amour et demander avec foi.

Activation des mots avec le pendule

L'activation des mots avec un pendule vous permet de connaître la durée de l'activation du mot.

- Lorsque vous souhaitez activer un mot en le prononçant,
votre pendule doit vous faire un « oui ».

- Lorsque le mot de lumière est déjà activé, le pendule doit vous faire
un « non » ou s'arrêter de tourner.

Il est donc important de connaître au préalable les codes du « oui » et du « non » avec votre pendule (voire notice dans le tome 1).

N'oubliez pas de visualiser les mots que vous récitez écrits en lettres **MAJUSCULES** et de couleur **OR**; ainsi, l'activation sera plus rapide.
Si toutefois vous n'arrivez pas à visualiser les mots, ce n'est pas grave, cela ne remet pas en cause l'efficacité de ces derniers.

La fréquence d'activation des mots

La fréquence d'activation des mots dépend de chacun et de sa réceptivité.

Tout dépend de l'ancienneté de la maladie. Pour un simple rhume, les résultats seront plus rapides que pour une maladie plus importante et déclarée depuis plusieurs années.

Concernant une maladie plus grave, pensez à noter tous les symptômes en lien avec la maladie afin d'être encore plus efficace.

Les mots de lumière et de guérison peuvent être activés plusieurs fois par jour. Matin et soir serait idéal, mais vous pouvez tester les mots afin de savoir s'ils se réactivent dans la journée. Si le pendule vous fait un « oui », c'est que c'est nécessaire.

Activation de plusieurs mots de Lumière et de Guérison

Comme dans le tome 1 des Mots dc lumière & de guérison, vous remarquerez que pour certains MAUX, il convient d'activer un seul MOT, alors que pour d'autres, il faut en énoncer plusieurs. Le premier mot se réfère toujours à la maladie. Les autres complètent les différents symptômes de celle-ci.

Les mots de lumière et de guérison sont activés les uns après les autres. Si toutefois une personne présente différents maux, par exemple une grippe, des douleurs, une angine..., vous pouvez activer les mots à la suite. Vous ne prenez aucun risque.

Denise m'a transmis de nombreux mots concernant les bactéries, les champignons, les vers, les virus qu'il convient d'ajouter au mot de guérison, car nous sommes très souvent contaminés par tous ces intrus qui fragilisent notre système immunitaire et entraînent des maladies.

Vous trouverez une fiche pour les bactéries, les champignons, les vers/parasites et les virus. Vérifiez si vous avez besoin de les activer ou non. Seul votre pendule vous l'indiquera.

Vous allez être surpris de voir autant de mots s'activer dans ces différentes fiches. Pour certaines maladies, je vous donnerai des fiches complètes de mots à activer.

En consultant vos index tome 1 et tome 2 à la fin de ce livre, vous pourrez facilement compléter et activer les mots de lumière et de guérison en fonction des symptômes et des maladies.

Vous trouverez également une fiche complémentaire de mots qui aideront à la guérison et renforceront le soin – ces mots ne peuvent être classés comme «maladies» ou « maux » – ainsi qu'une fiche concernant l'émotionnel.

Ce sont vos émotions qui déclenchent vos maladies. Vos émotions bousculent, bouleversent et maltraitent les énergies de vos différents corps énergétiques, et tout votre système énergétique se déséquilibre.

Tous ces mots ne s'activeront pas systématiquement. Pour quelles raisons ?

- Soit vous avez déjà activé le mot de lumière, et celui-ci est toujours en action, donc pas besoin de le réactiver.

- Soit le mot ne correspond pas à votre problème.

Prenons l'exemple de l'eczéma : si le mot ne s'active pas alors que vous ne l'avez jamais activé, cela peut signifier que ce n'est pas de l'eczéma, mais un autre problème.

Dans tous les cas, essayez les mots de lumière en mettant toutes les chances de votre côté pour guérir plus rapidement.

À la fin du livre, vous trouverez des tableaux qui vous permettront de réaliser une fiche de soin complète. Relevez, dans chacune des listes, les mots qui sont à activer chaque jour.

Activation des mots sur les animaux

Tous les mots de lumière et de guérison peuvent être utilisés sur les animaux selon le même procédé que sur vous-même.

Dans le tome 1, vous trouverez un chapitre qui leur est consacré, avec des maladies spécifiques ; et dans ce livre, vous trouverez par exemple des maux spécifiques comme le calicivirus pour les chats (fiche « VIRUS ») ou la dirofilariose filaire du chien (fiche « VERS/PARASITES »).

Il y a de très bons résultats sur les animaux, car ils n'émettent aucune pensée négative, ni aucun doute quant aux résultats. En raison de leur sensibilité aux énergies bonnes ou mauvaises, il convient de leur activer régulièrement les mots de nettoyage par précaution. Vous verrez que vos petits protégés seront très réceptifs.

Nettoyage et protection

Il est important de vérifier au préalable vos énergies avant d'activer les mots de guérison afin de détecter si vos énergies sont saines et si elles ne portent pas de négativité.

C'est la première chose à vérifier. C'est la base ! Car une maladie déclarée signifie que vos corps énergétiques ont été perturbés, des failles se sont créées, et la noirceur environnante s'est infiltrée. Ainsi, elle nourrit le mal.

Si vous activez des mots de guérison sans nettoyer vos énergies, les résultats ne seront pas aussi efficaces. Vous viendrait-il à l'idée de panser une blessure sans la désinfecter au préalable ? Ou de repasser une chemise sale sans l'avoir lavée ? Eh bien, au niveau énergétique, c'est la même chose.

Vous trouverez, dans mon premier livre, Mots de lumière & de guérison **tome 1,** la technique de nettoyage de votre pendule ainsi que quelques mots de nettoyage.
Si vous souhaitez apprendre le nettoyage énergétique en profondeur, vous pouvez me contacter sur mon site: **chrisverbeke.com**, afin de consulter les différentes dates de formations pour le nettoyage énergétique.

Pour compléter un soin, je vous recommande d'activer les **fiches suivantes :**

> **Fiche « BACTÉRIES »**

> **Fiche« VERS/PARASITES »**

> **Fiche « VIRUS »**

> **Fiche « ÉMOTIONNEL/BLESSURES ÉMOTIONNELLES »**

> **Fiche complémentaire : « FIN DE SOIN »**

Couper les liens : (référence tome 1)

1 Entre la personne et la maladie ;

2 Entre la personne et l'organe malade ;

avec le mot **DEM AVA LAND**

Les mots
de Lumière
et de Guérison

- ACIDE URIQUE
  Fait baisser le taux d'acide urique dans le corps.
  BAISSARIH

- ACIDITE GASTRIQUE
  STILATA
  + fiche « BACTÉRIES »

- AGUEUSIE
  (perte totale ou partielle du goût et de l'odorat)
  AMAGOUTI

- ANDROPAUSE
  ALIOMARO

- APNÉE DU SOMMEIL
  ROSIMALA + SOLO LOUDIK

- ARTHÉROSCLÉROSE
   TOLI
   + fiche complémentaire « FIN DE SOIN »
   + Cholestérol : Tome 1

- ASCITE : épanchement liquidien intra-abdomina
   ADOPIRALO

- AVC (accident vasculaire cérébral)
   APICOLI

- ACTINOBACILLUS
- ACTINOMYCETEMCOMITANS

bactérie buccale, endocardite, maladie parodontale

OZIRAH

- AMIBE

intestin

BACTIROMANO

- ANTOMOBIA

AMANOTIRIUS

- BACILLUS CEREUS

intoxication alimentaire

ALICANISTROH

- BACTÉRIE DU CÔLON

FALITABA

- BARTONELLA HENSELAE

maladie des griffes de chat

GIROHÂ

- BORDETELLA BRONCHISEPTICA

(fréquente chez les animaux)

FALITASIOH

b

- BORDETELLA PERTUSSIS
Coqueluche
  BOIRITISORÔH

- BORRELIA BURGDORFERI
Maladie de Lyme
  BIROTISALO (se prononce « bi-ro-ti-ssa-lo »)

- CAMPYLOBACTER
  MOTASORAH

- CHLAMYDIA TRACHOMATIS
Maladie sexuellement transmissible
  ABLOTISARIH

- CLOSTRIDIUM
intestin
  MASATORIH

- CLOSTRIDIUM TETANI
tétanos
  TIRAMILOH

- ENTEROCOCCUS/ENTÉROCOQUES
intestin, infections urinaires, abdominales, nosocomiales, septicémie
  ISTAROMAO + BIRATASIH

- ESCHERICHIA COLI (E. COLI)

  bactérie intestinale
      BACITIRIUS + BARRATISARUM

- FUSOBACTERIUM

  angine, pharyngite
      BATOSARAH (se prononce « ba-to-ssa-ra »)

- FUSOBACTERIUM NECROPHORUM

  sinusite, abcès, syndrome de Lemierre
      ABATIRISO (se prononce « a-ba-ti-ri-zo »

- GARDNERELLA VAGINALIS
      PLISIAROH (se prononce « pli-zia-ro »)

- HAEMOPHILUS INFLUENZAE

  infection respiratoire, infection de l'oreille, méningite, épiglottite
      SIMALORIH

- HELICOBACTER
      BASTIROH

- HELICOBACTER PYLORI

  ulcère duodénaire, gastrite
      BACTIROMANIO

- **KLEBSIELLA**
  pleurésie, pneumonie, nosocomiale, infections intestinales, infections urinaires
  BASIROTALOH

- **LEGIONELLA PNEUMOPHILA**
  maladie respiratoire, légionellose
  ISOMAROH

- **LEPTOSPIRA INTERROGANS**
  eptospirose, maladie de Weil, fièvre à canicola
  FLATIRAO

- **LISTERIA**
  listériose
  BOULARAH

- **MYCOBACTERIUM**
  SORTIMARAO

- **NEISSERIA MENINGITIDIS**
  méningite
  ZIRAH

- **PSEUDOMONAS AERUGINOSA**
  infection œil, infection plaie, infection urinaire, gastro-intestinale, infection des poumons, nosocomiale, méningite, septicémie
  PARATISOA

- SALMONELLA

  sallemonellose, fièvre typhoïde, intoxication alimentaire
  BORATISARO

- SHIGELLA

  intestins
  CORATUM (se prononce « cora-toum »)

- STAPHYLOCOQUE BLANC
  STAPHOLÈ (se prononce « sta-pho-lè »)

- STAPHYLOCOQUE DORÉ
  STALOPHILA

- STREPTOCOCCUS PNEUMONIAE
  MAZIRÔH + BALANTINA

- STREPTOCOQUE
  STRETOCULURIUS

- BRONCHIOLITE
  STAPIMALO
  + TOXIPLAMANO
  + TOXIPLA

- BRUCELLOSE
  BHOTILA

Cancers

Activez-le (ou les) mot(s) spécifique(s) pour le cancer ainsi que les compléments CANCER 1 et CANCER 2

* ADENOME
  PATHIRA (même mot que pour le carcinome)

* CARCINOME
  PATHIRA (même mot que pour l'adénome)

* CERVEAU
  CIRHATA

* COL DE L'UTÉRUS
  RHATIMA

* CÔLON
  RHAMORLA

* ESTOMAC
  SPOTITIMO

* FOIE
  TIMOLAVIE

* GORGE
  MILATITISI

- INTESTINS
  LIMANOVIE

- LEUCÉMIE
  SPITOLA + **TOLIMANISO**
  + **TIMOLAVARIDE**

- LIPOSARCOME
  PISAMATOLI
  Visualisez que liposarcome est enveloppé dans un petit sac. Désactivez par la pensée son potentiel afin qu'il se dessèche, puis activez le mot. Coupez le lien entre le liposarcome et la personne, et coupez le lien entre le liposarcome et l'endroit où il se trouve. Exemple : la jambe.

- LYMPHOME
  STIPOLAVIÈ (se prononce « sti-po-la-viè »)

- ORGANES GÉNITAUX
  RHITAMALO

- OS
  LIMANOVIE

- OVAIRES
  LAMALITI

- PANCRÉAS
  (même mot que pour la rate)
  RHITILAMAVIE

- PEAU
  ATIMAVIE

- POUMONS
  TITOMALORI

- PROSTATE *(même mot que pour le sein)*
  SIMOLAVIÈ (se prononce « si-mo-la-vi-è »)

- RATE *(même mot que pour le pancréas)*
  RHITILAMAVIE

- RECTUM
  STIRAMAVIÈ (se prononce « sti-ra-ma-viè »)

- REINS
  RHAMALA

- SEIN
  SIMOLAVIÈ (se prononce « si-mo-la-vi-è »)

- THYROÏDE
  TIMAROVIE

- UTÉRUS
  TIMOLOVAÈ (se prononce « ti-mo-lo-va-è»)

- VESSIE
  SPITAMALA

Complément : cancer 1

Activez pour chaque cancer le mot pour les nausées suite au traitement de chimiothérapie selon les fiches suivantes.
Si un mot ne s'active pas, cela signifie qu'il n'est pas nécessaire de l'activer ou de le réactiver dans l'immédiat.

- NAUSÉES CONSÉCUTIVES
  AU TRAITEMENT DE CHIMIOTHÉRAPIE
  ABSOLUTARIH

- NETTOYAGE DES CELLULES
  DIRALOH

- RENOUVELLEMENT DES CELLULE
  TIMOLAVARIDE

Activer

Fiche « BACTÉRIES »

Fiche « CHAMPIGNONS »

Fiche « VERS-PARASITES »

Fiche « VIRUS »

Fiche « ÉMOTIONNEL/BLESSURES ÉMOTIONNELLES » + SUBTANCES TOXIQUES

Fiche complémentaire : « FIN DE SOIN »

Activez les mots tous les jours sans interruption.

Ces mots doivent rester activés en permanence

afin d'agir de manière continue.

Complément : cancer 2

Il est important de couper les liens négatifs avec la maladie.

Pour couper les liens négatifs, activez, avec le pendule, le mot suivant :

« DEM AVA LAND »

Dire **« DEM AVA LAND »** : entre la personne (prénom et nom) et le cancer (précisez le type de cancer ou toute autre maladie). Plus vous serez précis dans vos demandes, plus les résultats seront efficaces.

« DEM AVA LAND » : entre le cancer (précisez le type de cancer ou la maladie) et la personne (prénom et nom).

« DEM AVA LAND » : entre le cancer (précisez) et l'organe malade (précisez l'organe) d'Untel.
Exemple : entre le cancer du foie d'Untel et le foie d'Untel.

« DEM AVA LAND »
entre l'organe d'Untel et Untel

c

- CANDIDA ALBICANS/LEVURE
  BILATASA

- CANDIDOSE RECTUM
  BACTORO-LI

- CHAMPIGNONS
  CHAPILATANO

- LEVURES
  BACTIRIOMA

- LICHEN PLAN
  STOBITAROH

- CHOLÉRA
  PILATISIRA (se prononce « pi-la-ti-ssi-ra »)

- COLOPATHIE FONCTIONNELLE
  TISORAMALO

- COMPLEXE GRANULOME
  ÉOSINOPHILIQUE (CGE) dermatologie feline
  ABLIFAROTIH

- COQUELUCHE
  COLIBATASA (se prononce « co-li-ba-ta-ssa »)

- CRURALGIE
  AMOTIRAÔH

- DÉGÉNÉRESCENCE MUSCULAIRE
  DEMATOLITASI

- DÉGÉNÉRESCENCE NEUROLOGIQUE
  NATIMALISAÈ (se prononce « na-ti-ma-li-ssaè »)

- DÉPENDANCES AFFECTIVES
  à activer sur la personne qui est dépendante
  DIPAMALO

- DÉPENDANCES ALCOOL, DROGUE, TABAC
  Exemple : dire la phrase suivante : « Pour le tabagisme de X »
  et activer LOTILOPAMALA. Il est évident que la personne
  dépendante doit avoir la volonté de s'en sortir.
  LOTILOPAMALA

- DÉSINFECTION D'UNE PLAIE
  OXYMATALO

- DIGESTION
  aide à la digestion
  LALAMA

- DIPHTÉRIE
  SIMALA

- DOULEURS INTERCOSTALES
  PINASOLA

- DOULEURS : PIC DE DOULEUR
  MORATILA

Toutes les maladies se déclenchent après un choc émotionnel, une émotion intense ou un sentiment négatif qui va vous empoisonner et déséquilibrer vos différents corps énergétiques.

Votre corps émotionnel, touché par cette colère, va se fragiliser, et de petites failles vont apparaître puis s'agrandir au fil de vos émotions. Ce qui va permettre l'infiltration d'énergies négatives dans ce corps émotionnel.

De plus, si votre mental est très sollicité, si vous ruminez régulièrement, vous ressassez des idées noires, etc., votre corps mental va, lui aussi, se fragiliser et créer des failles, et ainsi de suite jusqu'à toucher votre corps éthérique et physique, car tous vos corps énergétiques sont imbriqués comme des poupées russes.

C'est pourquoi il est important de traiter les émotions récurrentes. Plus vous serez précis dans vos demandes, plus le résultat sera efficace.

Prenez l'exemple de la peur : précisez : « Pour ma peur des chiens » et activez le mot **POL TIMO LA.**

- ABANDON
  BLOMALATA

- DÉVALORISATION
  OPALATIMO

- HUMILIATION
  MATISARALO

- INJUSTICE
  BLALATIMA

- NON-RECONNAISSANCE
  TILOUPALIOU

- PEUR
  POL TI MO LA

- REGARD DES AUTRES
  LOUTINAPASA

- REJET
  LOLAMATASA

- TRAHISON
  CELATISSA

- TRISTESSE
  SOLEIDAD

COLÈRE, CONFIANCE EN SOI, DÉPRIME,
FATIGUE, PEUR : voir **tome 1**

Ensuite, coupez les liens entre vous et les différentes blessures.

Exemple : dire :
« Entre moi-même et ma peur des chiens :
DEM AVA LAND »
Et « Entre ma peur des chiens et moi-même :
DEM AVA LAND »

- EMPOISONNEMENT
  PILOULATASA

- ENDOCARDIOSE MITRALE
  ASTENIROMAH

- ÉNURÉSIE
  Lié à une peur. Essayez de trouver la peur et traitez-la avec la fiche « ÉMOTIONNEL/BLESSURES ÉMOTIONNELLES ».
  TIRAMASO

- ÉPUISEMENT ÉNERGÉTIQUE
  vérifiez si l'épuisement ne provient pas d'une infection, d'une énergie négative...
  SPIRALO

- **FATIGUE CHRONIQUE** (syndrome)
  STABALATISA

- **FIBROMYALGIE**
  STABALATISA + **SOLILAPANO**
  Activer les fiches « BACTÉRIES »,
  « VERS/PARASITES », « VIRUS », puis les mots :
  Streptocoque, Staphylocoque.

- **FIÈVRE À VIRUS D'EBOLA**
  SPOTILA :
  active une sorte de purification, mais différente de SPITOLA.
  Ce mot ne va pas traiter la fièvre mais la maladie elle-même.
  + **MOL TIN**
  (se prononce « mol-tine ») : pour la fièvre.
  + **TOXIPLA**

- **FISTULE**
  cicatrisation de la peau. Referme les plaies.
  LUXALI
  Vérifier si la plaie n'est pas infectée :
  DÉSINFECTION D'UNE PLAIE

- **FOIE**
  nettoie et régule le foie
  SATATOMÈ (se prononce « sa-ta-to-mè »)
  TOLASSIMONO *problèmes de foie*

g

Les mots suivants vont nettoyer les différentes glandes endocrines

- HYPOPHYSE
  SPALIRAH

- HYPOTALAMUS
  SPIRALOH

- OVAIRES
  MITARALOH

- PANCRÉAS*
  FITAROH

- PARATHYROÏDE
  SATIMALAH

- PINÉALE
  SOULIMALAH

- SURRÉNALES
  MATISAKA (se prononce « ma-ti-ssa-ka »)

- TESTICULES
  MISOULARAH

GLANDES ENDOCRINES

- TYMUS
  BAFOLAOH

- THYROÏDE
  SATIMILAOH

Les mots suivants vont nettoyer les différentes glandes exoocrines

- LACRYMALES
  SARITAMOH

- MAMMAIRE
  PILOUTALIA

- PANCRÉAS*
  FITALAH

- SALIVAIRES
  MALITAROH

- SUDORIPARES
  PIFIMALAH

* Le pancréas est à la fois une glande endocrine et exocrine. Deux mots doivent être activés pour celui-ci.

- GASTRITE
  STIROLISAROH
  (se prononce « sti-ro-li-ssa-ro »)

- GLOBULES BLANCS
  augmente les globules blancs
  MITASIORAMA

- GRAISSES (BRULE)
  MITAROH

- HARCÈLEMENT ÉMOTIONNEL
  AMELIPANARO
  + Activer le **DEM AVA LAND** pour couper
  le lien entre l'harceleur et la personne harcelée.

- HÉMORRAGIE DU CŒUR
  STAPITALIOH

- HERNIE DISCALE
  POILASOMA + **PISOLA**
  + **MORATILA** : pic de douleur
  Tome 1 : Douleur

- HERNIE HIATALE
  LALAMA : aide à la digestion
  SPOUTI : régule le tube digestif
  STILATA : remontées gastriques

- HERPÈS
  SOLAVOLA + **TOXIPLA** (tome 1)
  COMPLÉMENT: **fiche « VIRUS »**

- INFECTION URINAIRE
   SPOULA

- INTESTIN : aide à évacuer l'intestin
   BOUTIKA
   FLUXIKA
   + *visualisez que vous remplissez votre corps de lumière*

- INTESTIN QUI FUIT

Un intestin qui fuit est lié à une mauvaise alimentation, mais est accentué par un mal-être, dont le fait de ne pas digérer une situation. Il est important de mettre en lumière les différentes situations, de les lister et de couper les liens avec ces situations. Activer pour chaque situation **DEM AVA LAND**.

Puis traiter l'intestin :

1 Détruire les endotoxines.
En même temps que vous activez le mot, visualisez la destruction des situations difficiles à digérer.
Activez le mot **TOXIMILANAO**

2 Détruire les lectines dangereuses pour le corps.
Avant d'activer le mot de lumière, précisez votre demande.
Activez le mot **LITAXIO**

3 Réparer les parois intestinales en visualisant les parois lisses,
ultra-lumineuses et brillantes. Activez le mot
INTESTINALO

4 Détruire les mauvaises bactéries avant de rééquilibrer le corps physique.
Activez la **fiche « BACTÉRIES ».**

5 Rééquilibrer les bonnes bactéries. Le son de ce mot rééquilibre les ondes
du corps de la personne.
Activez le mot HOM TA LA SIU (se prononce « om-ta-la-ssiou »).
Vous pouvez compléter avec les mots du tome 1 concernant l'intestin. Activez la fiche complète 1 fois par jour, pendant 15 à 30 jours selon la nécessité.

- **KYSTES CANCÉREUX**
  ROSATILAO
  SPATIFOLA (racine des kystes)

- LEUCORRHÉE/PERTE BLANCHE
  TIMALA

- LUPUS
  STABALATISA : virus d'Epstein Barr

- MALADIE D'ALZHEIMER
  Il faut nettoyer la personne au niveau énergétique
  et enlever plus particulièrement les miasmes.
  Pour cela, il faut activer les mots suivants :
     SALA MAÏLA
     + TIMOLAVARIDE (renouvellement
  des cellules)
     + fiche « BACTÉRIES » (SHIGELLA)
     + NETTOYER LES CELLULES
     + RENOUVELLEMENT DES CELLULES :
  fiche complémentaire « FIN DE SOIN »

- MALADIE D'HODGKIN
     SPITOLA

- MALADIE DE LYME
     SPITOLA + STABALATISA
  (virus d'Epstein Barr)
  *Le mot SPITOLA purifie le sang. Il peut être utilisé pour
  d'autres maladies qui demandent de purifier le sang.*

- MONONUCLÉOSE : cette maladie a été traitée dans
  le tome 1, mais il est important de la compléter avec
  le mot du virus d'Epstein Barr.
     STABALATISA + 38
  Rajoutez les mots pour la fièvre, l'angine, les ganglions
  lymphatiques, le renouvellement des cellules
     + TOXIPLA

- MYCOSE DES PIEDS
  ORALATARIH

+ Fiche « BACTÉRIES »

Précisez dans votre demande le pied droit ou gauche, et précisez l'orteil.

N'oubliez pas que plus vous serez précis dans votre demande, meilleur sera le résultat.

Exemple : dire la phrase suivante : « Pour le petit orteil de mon pied gauche : ORALATARIH ».

- NÉVRALGIE PUDENDALE
  LIMATOREH (se prononce « li-ma-to-rè »)

- **ŒDEME PAPILLAIRE**
  Voir Fiche YEUX

- **ŒSOPHAGE** : problème d'œsophage
  TILOUPALASA

- **ORGELET** Fiche « YEUX »

- **OSTÉOPOROSE**
  LITALASOMO
  (se prononce « li-ta-la-zo-mo »)

- PALPITATION
  Voir TACHYCARDIE

- PALUDISME
  PITILASA (se prononce « pi-ti-la-ssa »)

- PANARIS
  MITAOH

- PARALYSIE DES CORDES VOCALES
  AMIGATORY

- PARALYSIE FACIALE
  POULAPALAOU

- PARODONTITE
  PARATISIO

  La parodontite est liée à une peur − comme la peur de perdre −,
  mais également à un empoisonnement médicamenteux ou une bactérie.
  Coupez le lien avec la peur : **DEM AVA LAND**
  Activez le mot EMPOISONNEMENT :
  PILOULATASA
  Activez le mot BACTÉRIE ACTINOBACILLUS ACTINOMYCETEMCOMITANS : **OZIRAH**

- PESTE
  PISTOULA
  + fiche « BACTERIES »
  + fiche complémentaire « FIN DE SOIN »

- PHLÉBITE
  OMIGARALOH
  + fiche complémentaire : « FIN DE SOIN »
  + **SOLILAPANO** : douleur Tome 1

- PNEUMOTHORAX
  MANORASIO : détruit les bulles
  APICOLARIUS : recolle la plèvre
  SOLILAPANO : agit sur la douleur : Tome 1
  DOUCILA : cicatrisation
  PANASORAH : mémoire du pneumothorax
  OXYNORAH : réoxygénation du poumon
  Visualisez le poumon enveloppé dans une bulle
  de lumière or.
  Coupez le lien entre le poumon d'Untel et Untel :
  DEM AVA LAND
  Coupez le lien entre le pneumothorax et Untel :
  DEM AVA LAND

- PROSTATE : hypertrophie de la prostate
  APLICOLI

- PURPURA
  OLISARA
  *Complément tome 1 : hématomes, hémorragie, fièvre, douleur,
  enflure, fatigue*

- RECTOCOLITE
  ABATILISSOROH

- RÈGLES DOULOUREUSES
  (mot spécifique par rapport au tome 1)
  MOUTARILAO

- REMONTÉES GASTRIQUES
  STILATA

- RESPIRATION (facilite la)
  TIROMITAROH

- ROSÉOLE
  RATISA

- ROUGEOLE
  RHOTILA

- RUBÉOLE
  RUTILA

- SCARLATINE
  PITOULAMA

- SEPTICÉMIE
  SAMARAHTISSIA : nettoie le sang
  PILOULATASA : empoisonnement

- SOMMEIL : apaise le sommeil lors des pleines lunes
  LUNASIOLA (se prononce « lou-na-ssiola »)

- SPONDYLARTHRITE
  SPIDORALITAMOH
  Voir : rectocolite, arthrite, inflammation, psoriasis

- SUBSTANCES TOXIQUES
  BALATILASA
  Demandez la désactivation de chaque substance en précisant bien la substance :
  aluminium, cuivre, méthanol... Exemple : Pour l'aluminium qui se trouve dans le corps de X et activez BALATILASA

- SYNDROME DE GUILLAN-BARRE
  GUILARIMANOH
  SAMARAHTISSIA : purifie le sang

- SYNDROME DE LEMIERRE
  LIMAROMAH
  ABATIRISO (se prononce « a-ba-ti-ri-zo ») :
  bactérie Fusobacterium necrophorum
  STREPTOCULURIUS : streptocoque
  COMPLÉMENT : fiche « VIRUS » + tome 1 :
  acouphènes, surdité, angine, douleur

- SYNDROME DES JAMBES AGACÉES
  PITAMASSAH

- SYNDROME PIEDS-MAINS-BOUCHE
  PITALATIMA
  + **APLATICO**
  + **TOXIPLAMANO** + **TOXIPLA**

- SYNDROME ROSÉ DE GILBERT
  LAMARISOH
  STROUH : herpès

- TACHYCARDIE
  OMALAH

- TÉTANOS
  MANAPALAROH
  TIRAMILOH : bactérie Tétanos
  (Clostridium Tetani)
  SALA SANTA : tome 1

- TOUX INCESSANTE
  BLINZRALOH se prononce BLINEZ-RALO

- TOXOPLASMOSE
  STILAMA

TREMBLEMENTS ESSENTIELS
- **ASPATIRO**

TUBE DIGESTIF : régule le tube digestif
- **SPOUTI**

• VARIOLE
   VITALA

- ACARIENS
  STIPOLAROH

- ANKYLOSTOME
  VANIRATOH

- ASCARIDES
  TIBALATASA

- CAPILLARIA HEPATICA
  HIPOTALUS

- DIROFILARIOSE filaire du chien
  FALAMALARIA

- DOUVE PANCRÉATIQUE
  FALITALABA

- EURYTHREMA PANCREATICUM
  ISIRATINOH

- FASCIOLA HEPATICA
  FALABATALI

- GRANDE DOUVE : Fasciolopsis buski
  FALABALATASA

- LOA
  PITORAH

- OXYURES
  OPALARASA

- TENIA
  BALAPALA

- TOXOPLASMA GONDII : parasite de la
  TOXOPLASMOSE
  STIROMAHE (se prononce « sti-ro-ma-hè »)

- TRICHINELLA
  BALAMASSA

- ADÉNOVIRUS : rhume
  SPAPITALO

- CALICIVIRUS (animaux)
  SOLIRIUS
  + **KALITORIUM**

- CORONAVIRUS
  TIRASIMALAROH
  + **TIROMITAROH** : fascilite la respiration
  + **OXYNORAH** : réoxygénation des poumons

- CYTOMÉGALOVIRUS
  BACTORIOMALUS

- EPSTEIN BARR
  STABALATISA

- FIV, virus immunodéficience féline (sida du chat)
  SPIRATILORY

- HÉPATITE A
  AMANAMAO

- HÉPATITE B
  APATIMAO

- HÉPATITE C
  APATIMANO

- HERPÈS SIMPLEX VIRUS
  STROUH

- MOLLUSCUM CONTAGIOSUM
  (Infection viral de la peau)
  AMOUTISARIH

- PAPILLOMAVIRUS
  PAPILORAH

YEUX

- ATROPHIE MUSCULAIRE
  OTIMALO

- CATARACTE
  TANA BOL : tome 1

- CHALAZION
  AGLADIA
  BARATINUM : inflammation – tome 1
  BOULINO : kyste – tome 1

- DÉGÉNÉRESCENCE MACULAIRE
  DEMATOLITASI

- GLAUCOME
  MISTARIOH

- KÉRATITE
  BILISAROH

- KÉRATOCÔNE
  BLITOROH

- NYSTAGMUS
  GNAMITURIH

y

- ŒDÈME PAPILLAIRE
  ASPIROTALO

- ORGELET
  SPITAMALA

- PAUPIÈRES ENFLAMMÉES
  DOULARIMARI

- POCHES SOUS LES YEUX
  ASPIROTARIH

  Le mot de lumière estompe les poches en rééquilibrant l'énergie en ces points.

- RÉTINITE PIGMENTAIRE
  BILORATILOH

- RÉTINOBLASTOME
  BISTORAH

Ces mots ne peuvent être répertoriés comme des maladies. Cependant, ils peuvent être utilisés pour toutes les maladies et tous les différents maux. Ils complètent un soin.

En fonction des maladies, certains mots seront plus utiles que d'autres. Il suffit de les tester.

- CELLULES : nettoie les cellules
  DIRALOH

- DÉSACTIVE LA MAUVAISE INFORMATION
  Le cerveau enregistre un mal-être ou la maladie, par exemple. Ce mot aide à déprogrammer la mauvaise information.
  SPIRALORÈH

  (se prononce « spi-ra-lo-rèh »)

- DÉTOXICATION DE L'ORGANISME (tome 1)
  TOXIPLAMANO

- FIXER LE SOIN
  FILATOMA

- PURIFICATION DE LA MALADIE (tome 1)
  TOXIPLA

- PURIFICATION DU CERVEAU (tome 1)
  TILASINAVIE

- PURIFICATION DU SANG
  SPITOLA

- RECONSTRUCTION
  activez les mots en visualisant l'organe que vous souhaitez traiter.

- RECONSTRUCTION
  DES CELLULES NERVEUSES
  OMALAAH

- RECONSTRUCTION
  DES FIBRES NERVEUSES
  OMATARAH

- RENOUVELLEMENT DES CELLULES
  TIMOLAVARIDE

- RÉOXYGÉNER LE CERVEAU
  SAMATIRAH

- RÉOXYGÉNER LE CŒUR
  ZOULORAH

- RÉOXYGÉNER LES POUMONS
  OXYNORAH

- TÉLOMÈRES
  Réactive les télomères
  TINMALAO

index

tome 1

d Dartre, démangeaisons dans les oreilles, démangeaisons de la peau, déprime, déshydratation, détoxication de l'organisme, diabète, diarrhée, dirofilariose, douleurs, douleurs dentaires des bébés (gencives), douleurs musculaires, douleurs osseuses, dysplasie.

e Eczéma, éliminer les miasmes ou autres vermines astrales, endométriose, enflure, engelure, enrouement, entorse, épilepsie, ehrlichiose, estime de soi (retrouver une meilleure estime de soi).

f Fatigue générale, fatigue musculaire, fatigue nerveuse, fibrome, fièvre, flore intestinale, foie (problèmes de), fourbure.

g Gale, gastro-entérite, gaz intestinaux, gingivite, gourme, goutte, grippe, gros intestins (problèmes de).

h Haleine (mauvaise), hématome, hémorragie, hémorroïdes, hernie, herpès, hyperglycémie, hypertension, hyperthyroïdie, hypoglycémie, hypotension, hypothyroïdie.

i

Impétigo, implants noirs, incontinence, infection (tous types d'), infertilité, inflammation (tous types d'), insomnie, insuffisance cardiaque, insuffisances (tous types d'), intestin grêle, intestins (problème d'), irritation des yeux, jaunisse, kyste de la peau.

l

Laryngite, leishmaniose, leptospirose, leucoses, lumbago.

m

Maladie de Basedow, maladie de Crohn, maladie de Cushing, maladie de Parkinson, maladie de Raynaud, maladie de Carré, maladies auto-immunes, mammite, mauvaise humeur, mémoire (troubles de la), ménopause, migraine, mononucléose, mycose, myopie.

n

Néphrite, nettoyage énergétique, névralgie, nez qui coule.

o

Odorat, œdème de Quincke, oreilles bouchées, oreillons, os (problèmes osseux), otite.

p Palpitations cardiaques, pancréas (problèmes de), pancréatite, parvovirose, pelade, péritonite, peurs, pharyngite, phlébite, pilosité importante, piqûres (insectes, plantes), piroplasmose, pleurésie, pneumonie, pneumopathie, poliomyélite, poux, presbytie, prurit, psoriasis, puces, purification des maladies, purpura.

r Rage, rate (problèmes de), règles douloureuses, règles irrégulières, reins (problèmes de), renouvellement des cellules, repousse des poils, rétention d'eau, rhumatismes, rhume, rhume des foins, rougeole.

s Sarcoïde, sciatique, sclérose en plaques, scoliose, sinusite, spasmophilie, stress, surdité.

t

Teigne, tendinite, tétanos, thrombose, tiques, torsion d'estomac, toux, toux de chenil, transit intestinal, transpiration excessive, traumatisme crânien, tuberculose.

u

Ulcère d'estomac, ulcère variqueux, urémie, urticaire.

v

Vaccins, vaginite, vulvite, vulvo-vaginite, varicelle, veines (problèmes de), vermifuge/oxyures, verrue, vertiges, vésicule (problèmes de), vessie, vitiligo.

z

Zona.

Remerciements

Denise, ma petite mamie chérie,
comment te remercier une nouvelle fois
pour ton travail exceptionnel,
rempli de lumière et d'amour.
Tu es magique !

Merci de tout mon cœur.

Merci et gratitude à mes guides pour
leur protection, leurs enseignements
et leur amour.

Je suis aux anges !

Gratitude !

À Rémi, mon mari; Julien et Léa, mes
enfants; mon papa et ma maman pour
leur soutien.

À mes amis qui m'encouragent et me
soutiennent, mes stagiaires qui me
suivent et
qui connaissent les mots de lumière
mieux que moi !
Vous êtes des amours !

A ma famille de cœur.

À Greg Williams et Walter, pour votre
professionnalisme,
votre bonne humeur et votre talent !

Je vous aime !

Pensez à tester les mots des fiches suivantes : fiche « BACTÉRIES », fiche « CHAMPIGNONS », fiche « VERS/PARASITES », fiche « VIRUS », fiche « ÉMOTIONNEL/BLESSURES ÉMOTIONNELLES », FICHE « FIN DE SOIN ».

<table>
<tr><td>

nom, prénom

</td></tr>
<tr><td>

mots de nettoyage

</td></tr>
<tr><td>

mots : maladies

</td></tr>
<tr><td>

mots : symptômes

</td></tr>
<tr><td>

mots des fiches

</td></tr>
</table>

Pensez à tester les mots des fiches suivantes : fiche « BACTÉRIES », fiche « CHAMPIGNONS », fiche « VERS/PARASITES », fiche « VIRUS », fiche « ÉMOTIONNEL/BLESSURES ÉMOTIONNELLES », FICHE « FIN DE SOIN ».

<table>
<tr><td>nom, prénom</td></tr>
<tr><td>mots de nettoyage</td></tr>
<tr><td>mots : maladies</td></tr>
<tr><td>mots : symptômes</td></tr>
<tr><td>mots des fiches</td></tr>
</table>

Pensez à tester les mots des fiches suivantes : fiche « BACTÉRIES », fiche « CHAMPIGNONS », fiche « VERS/PARASITES », fiche « VIRUS », fiche « ÉMOTIONNEL/BLESSURES ÉMOTIONNELLES », FICHE « FIN DE SOIN ».

<table>
<tr><td>nom, prénom</td></tr>
<tr><td>mots de nettoyage</td></tr>
<tr><td>mots : maladies</td></tr>
<tr><td>mots : symptômes</td></tr>
<tr><td>mots des fiches</td></tr>
</table>

Pensez à tester les mots des fiches suivantes : fiche « BACTÉRIES », fiche « CHAMPIGNONS », fiche « VERS/PARASITES », fiche « VIRUS », fiche « ÉMOTIONNEL/BLESSURES ÉMOTIONNELLES », FICHE « FIN DE SOIN ».

<table>
<tr><td>nom, prénom</td></tr>
<tr><td>mots de nettoyage

</td></tr>
<tr><td>mots : maladies

</td></tr>
<tr><td>mots : symptômes

</td></tr>
<tr><td>mots des fiches

</td></tr>
</table>

Pensez à tester les mots des fiches suivantes : fiche « BACTÉRIES », fiche « CHAMPIGNONS », fiche « VERS/PARASITES », fiche « VIRUS », fiche « ÉMOTIONNEL/BLESSURES ÉMOTIONNELLES », FICHE « FIN DE SOIN ».

<table>
<tr><td>nom, prénom</td></tr>
<tr><td>mots de nettoyage</td></tr>
<tr><td>mots : maladies</td></tr>
<tr><td>mots : symptômes</td></tr>
<tr><td>mots des fiches</td></tr>
</table>

Pensez à tester les mots des fiches suivantes : fiche « BACTÉRIES », fiche « CHAMPIGNONS », fiche « VERS/PARASITES », fiche « VIRUS », fiche « ÉMOTIONNEL/BLESSURES ÉMOTIONNELLES », FICHE « FIN DE SOIN ».

nom, prénom
mots de nettoyage
mots : maladies
mots : symptômes
mots des fiches

Pensez à tester les mots des fiches suivantes : fiche « BACTÉRIES », fiche « CHAMPIGNONS », fiche « VERS/PARASITES », fiche « VIRUS », fiche « ÉMOTIONNEL/BLESSURES ÉMOTIONNELLES », FICHE « FIN DE SOIN ».

nom, prénom

mots de nettoyage

mots : maladies

mots : symptômes

mots des fiches

Pensez à tester les mots des fiches suivantes : fiche « BACTÉRIES », fiche « CHAMPIGNONS », fiche « VERS/PARASITES », fiche « VIRUS », fiche « ÉMOTIONNEL/BLESSURES ÉMOTIONNELLES », FICHE « FIN DE SOIN ».

notes

notes

notes

notes